Jürg Schubiger

SCHON WIEDER WAS!

Illustrationen von Wolf Erlbruch

PETER HAMMER VERLAG

„Was ist denn das?"

„Eine Fee."

„Wo kommt sie her?"

„Von Niniveh.
Sie wohnt im Wald mit einem Bär
und badet nachts im Teich.
Sie ist bleich, hat langes Haar,
und wenn sie singt, tönt's sonderbar."

„Was ist denn das?"

„Ein Zwerg."

„So klein?"

„Der ist halt noch jung."

„Und so allein?"

„Die Mutter kommt Punkt sechs.
Sie ist eine gute Hex,
kocht für ihr Kind ein Hühnerbein.
Sie muss nur dreimal niesen,
und schon verwandelt sich der Zwerg
in einen kleinen Riesen."

„Was ist denn das?"

„Eine Spitzmaus."

„Sieht wirklich ziemlich spitz aus. Gibt's auch eine Stumpfmaus?"

„Die sähe nicht nach Maus aus, eher wie ein Meerschwein."

„Gibt es eine Meermaus?"

fig. 1

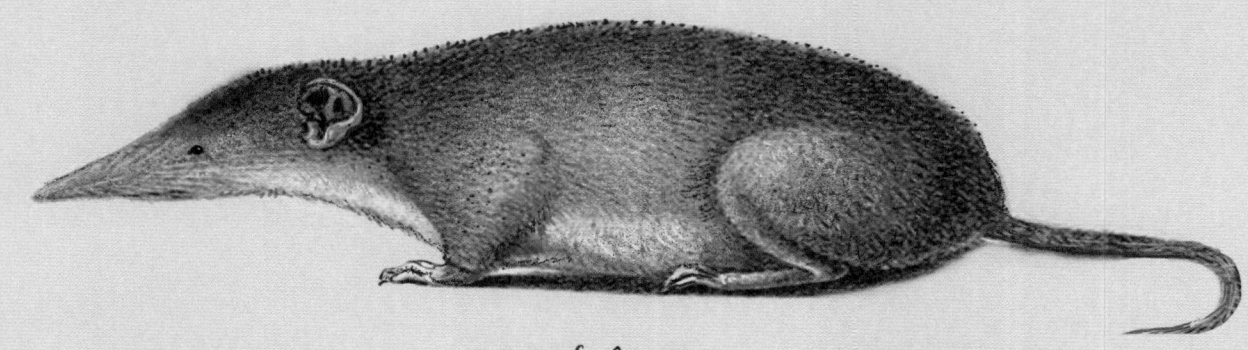

fig. 2

fig. 3

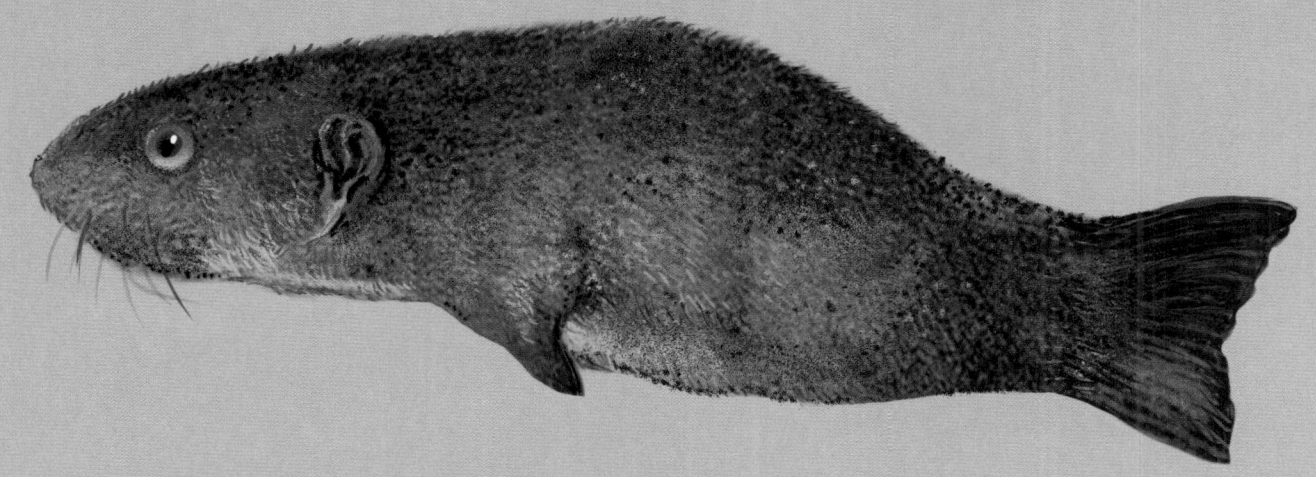

„Was ist denn das?
So pelzig, warm und klein und rund."

„Wenn es bellt, ist es ein Hund,
wenn's miaut, ist's eine Katze."

„Schau, das Ding schläft ein."

„Wenn es schläft, kann's beides sein,
Katze oder Hund.
Wenn's auf die Matratze macht,
wird es vor die Tür gebracht."

„Was ist denn das?"

„Das ist Gras."

„Da im Gras springt doch was."

„Was da springt, ist ein Has."

Motiv: Béatrice Rodriguez

Absender:

_____

_____

_____

_____

(bitte deutlich schreiben!)

Peter Hammer Verlag | Telefon 0202/505066 | Fax 0202/509252
E-Mail: info@peter-hammer-verlag.de | www.peter-hammer-verlag.de

Peter Hammer Verlag
Postfach 200963

D – 42209 Wuppertal

Der Peter Hammer Verlag gehört zu den wenigen kleinen, konzernfreien Verlagen. Es ist darum besonders wichtig für uns, dass wir unsere Leser und Leserinnen gut kennen.

Wir freuen uns, wenn Sie Zeit und Lust haben, diese Karte auszufüllen. Als Dankeschön verlosen wir unter den Einsendern monatlich ein Buch aus dem Peter Hammer Programm.

→ **Diese Karte war bei einer Veranstaltung ausgelegt:**
- ☐ Buchmesse
- ☐ Buchvorstellung/Lesung
- ☐ Verlagsvorstellung

→ **Diese Karte habe ich dem Buch _____ entnommen.**

→ **Aufmerksam wurde ich auf das Buch**
- ☐ in einer Buchhandlung
- ☐ durch Empfehlung von Freunden
- ☐ durch eine Besprechung in den Medien
- ☐ durch einen Prospekt
- ☐ durch Internet-Recherche

→ **Aus dem Programm des Peter Hammer Verlages interessieren mich besonders die Bereiche:**
- ☐ Bilderbuch
- ☐ Kinder- und Jugendbuch
- ☐ Afrika
- ☐ Lateinamerika
- ☐ Ethnologie
- ☐ Politik/Kultur/Gesellschaft
- ☐ Gestalttherapie

→ **Über aktuelle Informationen zu Neuerscheinungen des Verlages würde ich mich freuen**
- ☐ gerne auch per E-Mail: _____

→ **Wenn Sie mögen, verraten Sie uns mehr über sich!**

Geburtsjahr _____

Beruf _____

Wir behandeln alle Ihre Angaben selbstverständlich vertraulich und nutzen sie ausschließlich für unsere interne Statistik.

DAS NEUE PROGRAMM

Bilder-, Kinder- und Jugendbücher
Literatur aus Afrika und Lateinamerika
Ethnologie
Sachbücher
Geschenkbücher

Nadia Budde
■ **Eins zwei drei Tier**
Ein Bilderbuch für die ganz Kleinen
18 S., Pappe, 14. Aufl. 2013, ab 3
€ 11,–
ISBN 978-3-87294-827-4

Ein Bilderbuch mit Überraschungsversen für kluge Kinder und alberne Erwachsene.

▶ **Deutscher Jugendliteraturpreis**

Nadia Budde
■ **One two three me**
18 S., Pappe, 3. Aufl. 2008, ab 5
€ 11,90
ISBN 978-3-87294-922-6

Neue skurrile Gestalten, schräg und sympathisch, und eine spaßige Englisch-Lektion!

Nadia Budde
■ **Flosse, Fell und Federbett**
24 S., Pappe, 7. Aufl. 2012, ab 3
€ 12,90
ISBN 978-3-7795-0010-0

„Kannst du abends gar nicht schlafen und die Sache mit den Schafen funktioniert nicht mehr bei dir ... dann probier ein andres Tier!"

»Muss man haben!«
Kölner Stadt-Anzeiger

Nadia Budde
■ **Traidiger Tiger toastet Tomaten**
Ein ABC
48 S., geb., 8. Aufl. 2010
€ 15,–
ISBN 978-3-87294-849-6

Und jetzt auch für die Schultüte! Sonderausgabe im kleineren Format
11 x 17 cm
48 S., geb., 7. Aufl. 2012
ab 5 und für alle
€ 7,50
ISBN 978-3-7795-0071-1

Hier bleibt kein Zweifel, dass man mit dem ABC viel mehr anstellen kann, als mühsam das Buchstabieren einsamer kleiner Wörter zu üben. Von Anfang an geht es mit einem Feuerwerk von tollen Einfällen ans Werk!

▶ **Troisdorfer Bilderbuchpreis**

▶ **Luchs der Jury von ZEIT und Radion Bremen**

Nadia Budde
■ **Unheimliche Begegnungen auf Quittenquart**
32 S., geb., ab 4
€ 13,90
ISBN 978-3-7795-0294-4

Auf dem Planeten Quittenquart leben solche und solche. Grüne mit spitzen Ohren zum Beispiel. Aber auch sehr Behaarte. Welche mit vielen Augen. Unsere Quittenquart-Helden sind drei von den Grünen und sehr abenteuerlustig. Sie wollen sehen, was passiert, wenn sie den Langhaarigen und den Vieläugigen begegnen! Es wäre kein Bilderbuch von Nadia Budde, wenn es da nicht fröhlich bis wüst zur Sache ginge. Die schöne Moral: Wer was erleben will, muss los!

Nadia Budde
Auf keinen Fall will ich ins All
 S., geb., ab 3 und für alle
 14,90
BN 978-3-7795-0484-9

lle zieht es in die Ferne. Die wilde Tan- Anne will in die Savanne, Onkel Hans-arcel nach Alaska ins Hotel und Mona-es träumt von Paris. Alle schauen mit asigem Blick in unbestimmte Weiten nd wünschen sich an Orte mit klang-ollen Namen. Doch am Ende platzt ie schillernde Seifenblase und es war-et ein grandioses Vergnügen gleich um ie Ecke!

Die Borsten-Trilogie

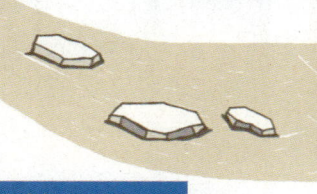

Nadia Budde

„Die derzeit originellste deutschspra-chige Autorin und eine der ausdrucks-vollsten Illustratorinnen"
Süddeutsche Zeitung

Nadia Budde
■ **Und außerdem sind Borsten schön**
32 S., geb., 3. Aufl. 2013, ab 3 und für alle
€ 14,90
ISBN 978-3-7795-0433-7

Wir wären doch alle gern ein bisschen schö-ner! Kein Grund zur Scham, mit diesen eitlen Träumen sind wir nicht allein.

Nadia Budde holt die ganze schräge Ver-wandtschaft auf ihre Bühne und wir sehen gleich, wo es hapert: „Unser Nachbar Thilo Schramm hat zu viele Kilogramm". Der klei-ne Bruder Olli träumt von einem ordentlichen Bizeps und Waldemar von glattem Haar. Nur Onkel Parzival, dem ist sein Äußeres egal. Er findet: „Eins ist wichtig, wie du bist, so bist du richtig!"

Nadia Budde
■ **Und irgendwo gibt es den Zoo**
32 S., geb., ab 3 und für alle
€ 14,90
ISBN 978-3-7795-0470-2

Die Übergänge zwischen Mensch und Tier sind manchmal fließend. Nadia Budde hat einen ganz besonderen Blick für derlei Mensch-Tier-Übergänge und ihre helle Freude an ihnen.

BILDERBÜCHER

Geschichten ohne Worte

Béatrice Rodriguez
■ **Der Hühnerdieb**
24 S., geb., 8. Aufl. 2013, ab 3
€ 9,90
ISBN 978-3-7795-0202-9

Der Fuchs, der gemeine Dieb, verliebt sich auf der Flucht in sein Opfer. Eine Liebesgeschichte ganz gegen die Natur und ohne Worte.

Béatrice Rodriguez
■ **Das Zauberei**
24 S., geb., 2. Aufl. 2013, ab 3
€ 9,90
ISBN 978-3-7795-0355-2

Das Huhn ist in den Fuchs verliebt, der Hahn ist sehr gekränkt. Doch nur so lange, bis er ein merkwürdiges Ei entdeckt. Was aber birgt das Ei?

Mandana Sadat
■ **Mein Löwe**
24 S., geb., ab 4, € 9,90
ISBN 978-3-7795-0293-7

Größer und wilder kann ein Löwe nicht sein, winziger und bedauernswerter kein Menschenkind! Eine Geschichte, wie Kinder sie lieben: spannend, fröhlich, versöhnlich.

Béatrice Rodriguez
■ **Das Hühnerglück**
24 S., geb., ab 3
€ 9,90
ISBN 978-3-7795-0386-6

Fuchs und Huhn sind auf dem Weg ins Familienglück. Oder trügt der Schein? Ist der Fuchs vielleicht doch ein Schuft?

Andrea Hensgen (Idee)
Béatrice Rodriguez (Illustr.)
■ **Der große Hund**
24 S., geb., ab 4, 25,7 x 18,5 cm, € 11,90
ISBN 978-3-7795-0313-2

Ein kleiner Junge geht seinen Schulweg mit bangem Herzen. Eines Tages aber wartet jemand am Schultor: ein großer schlappohriger Kerl, der ihm nicht mehr von der Seite weicht. Ganz ohne Worte erzählt diese Geschichte von Freundschaft und vom Großwerden.

Ronan Badel
■ **Der fette Fang**
24 S., geb., ab 4, 26,0 x 15,0 cm, € 9,90
ISBN 978-3-7795-0478-8

Das Netz ist ausgeworfen, der Fischer ruht in der Sonne. Sein kleiner Hund steht stolz am Bug. Plötzlich ist etwas Großes ins Netz gegangen, es zieht den Fischer aus dem Boot und ins Wasser! Der Hund späht und heult und weint in die Wellen. Wie dennoch alles gut und sogar ganz wunderbar wird, erzählt das kleine Buch ohne ein einziges Wort.

Jürg Schubiger (Text)
Wolf Erlbruch (Illustrationen)
Schon wieder was!
32 S., geb., ab 4 und für alle
ca. € 15,90
ISBN 978-3-7795-0486-3

NEU

Was ist denn das? So fragt der Neugierige von früh bis spät, damit er klüger wird. Eine Fee, eine Spitzmaus, ein Warzenschwein, ein Puppenfresserbiest. So antwortet ohne Zögern einer, der schon mehr gesehen hat von der Welt. Jürg Schubiger reimt Fragen und Antworten zusammen, fein und verschmitzt. Wolf Erlbruch zeichnet mit sichtlichem Vergnügen, was zum Fragen Anlass gibt. Fee, Spitzmaus, Warzenschwein, Puppernfresserbiest.

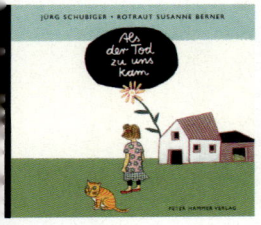

Jürg Schubiger (Text)
Rotraut Susanne Berner (Illustr.)
■ **Als der Tod zu uns kam**
32 S., geb., ab 5 und für alle
25 x 21,5 cm, € 13,90
ISBN 978-3-7795-0312-5

Wie mit dem Tod nicht nur das Leid in dieses Bilderbuch und in die Welt kommt, sondern auch Mitleid, Zuwendung und Trost, das zeigen Jürg Schubigers feingesponnener Text und Rotraut Susanne Berners klare, kluge Bilder auf geniale und berührende Weise.

▶ Prämiert von der Stiftung Buchkunst im Wettbewerb »Die schönsten deutschen Bücher 2012«

▶»Die besten 7 Bücher« Deutschlandfunk

Jürg Schubiger (Text)
Aljoscha Blau (Illustr.)
■ **Das Kind im Mond**
24 S., geb., ab 5, € 15,90
ISBN 978-3-7795-0434-4

„Der Mann im Mond hat eine Frau, die Frau im Mond. Zusammen haben sie ein Kind, das Kind im Mond. Dieses Kind hat seine Eltern eines Tages auf dem Mond zurückgelassen und ist zur Erde gereist. Wie es dazu kam, das sollt Ihr hören." Eine poetische Geschichte mit traumhaften Bildern!

Jürg Schubiger
■ **Der Wind hat Geburtstag**
Mit Illustr. von Wiebke Oeser
48 S., geb., Halbleinen, ab 5 und für alle
€ 12,90
ISBN 978-3-7795-0282-1

Ein kleines Buch voller Gedichte über das Meer und den Wind, über's Allein- und Traurigsein, Gedichte von Liebe, Glück und Übermut. Mit lichten Illustrationen von Wiebke Oeser.

▶ **LUCHS v. ZEIT und Radio Bremen**

Gioconda Belli (Text)
Wolf Erlbruch (Illustr.)
■ **Die Werkstatt der Schmetterlinge**
Großformat 25 x 35 cm
42 S., geb., Halbleinen, 9. Aufll. 2009, ab 5
€ 22,–
ISBN 978-3-87294-607-2

Sonderausgabe
Format 17 x 23,5 cm, 13. Aufl. 2013
€ 11,–
ISBN 978-3-87294-867-0

Rodolfo, der Enkel des Erfinders des Regenbogens hat einen Traum: Er möchte ein Wesen schaffen, so schön wie eine Blume, so leicht wie ein kleiner Vogel. Endlich hat er eine Idee.

▶ **LUCHS der Jury von ZEIT und Radio Bremen**

Pop-up
24 S., geb., 3. Aufl. 2010, € 18,–
ISBN 978-3-7795-0168-8

Werner Holzwarth/Wolf Erlbruch (Illustr.)
■ **Vom kleinen Maulwurf, der wissen wollte, wer ihm auf den Kopf gemacht hat**
24 S., geb., 43. Aufl. 2013, ab 2
€ 13,90
ISBN 978-3-87294-407-8

Pappausgabe
24 S., geb., 24. Aufl. 2014, 22 x 15,5 cm
€ 9,90
ISBN 978-3-87294-882-3

Mini-Ausgabe im Postkartenformat
24 S., geb., 33. Aufl. 2013
€ 5,–
ISBN 978-3-87294-779-6

Wolf Erlbruch
■ **Die große Frage**
52 S., geb., Format 30 x 17,5 cm
10. Aufl. 2010, ab 3 und für jedes Alter
€ 14,90
ISBN 978-3-87294-948-6

Warum bin ich auf der Welt? Wolf Erlbruch findet viele, die eine Antwort wissen.

Sonderausgabe
52 S., geb., 10,5 x 18 cm, 8. Aufl. 2013
€ 7,90
ISBN 978-3-7795-0151-0

»Wir lieben dieses Buch.« **FAZ**

▶ **LUCHS der Jury von ZEIT und Radio Bremen**

Wolf Erlbruch
■ **Frau Meier, die Amsel**
32 S., geb., 7. Aufl. 2010, ab 5
€ 14,90
ISBN 978-3-87294-644-7

Frau Meier, immer besorgt um alles und jeden, findet eines Morgens eine kleine hilflose Amsel. Als sie ihr schließlich das Fliegen beibringt, wächst sie über sich selbst hinaus …

Geschenkausgabe im Midi-Format
32 S., geb., 5. Aufl. 2013, 15,5 x 18 cm, € 8,90
ISBN 978-3-7795-0062-9

Wolf Erlbruch
■ **Das Bärenwunder**
32 S., geb., 11. Aufl. 2011, ab 4
€ 13,90
ISBN 978-3-87294-493-1

Mini-Ausgabe im Postkartenformat
32 S., geb., 5. Aufl. 2013
€ 5,–, ISBN 978-3-87294-826-7

Der Bär hat es satt, allein zu sein. Er will Vater werden – aber wie? Auf Nachfrage bekommt er viele Antworten.

▶ **Deutscher Jugendliteraturpreis**

Wolf Erlbruch
■ **Leonard**
32 S., geb., 6. Aufl. 2009, ab 4
€ 13,90
ISBN 978-3-87294-467-2

Ein Bilderbuch über die Angst vor Hunden.

Wolf Erlbruch
■ **Die fürchterlichen Fünf**
32 S., geb., 11. Aufl. 2014, ab 4
€ 13,90
ISBN 978-3-87294-434-4

Fünf gar nicht so Fürchterliche von ihrer liebenswerten Seite: sensibel, talentiert, witzig.

Wolf Erlbruch
„Lehrmeister des Sehens" FAZ

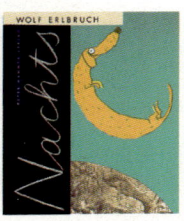

Wolf Erlbruch
■ **Nachts**
26 S., geb., 8. Aufl. 2013, ab 4
€ 9,90
ISBN 978-3-87294-834-2

Wolf Erlbruch zeigt in erstaunlichen Bildern, was Kinderaugen im Dunkeln entdecken.

»Bilder von seltener Einfachheit und Intensität.« DIE ZEIT

Bart Moeyaert (Text)
Wolf Erlbruch (Illustr.)
■ **Am Anfang**
Üb. Mirjam Pressler
32 S., geb., Format 30 x 25 cm
4. Aufl. 2011, ab 6 und für jedes Alter
€ 16,90
ISBN 978-3-87294-938-7

Mit philosophischer Tiefe und erheiternder Leichtigkeit haben Bart Moeyaert und Wolf Erlbruch ein Meisterwerk über die Schöpfung geschaffen.

»Ein Olymp der Buchkunst.« FAZ

▶ **LUCHS der Jury von ZEIT und Radio Bremen**

Postkarten mit Motiven von Wolf Erlbruch

Lieferbar in Verpackungseinheiten zu 10 Stück pro Motiv, € 9,–

■ **Freunde: Hase**
ISBN 978-3-7795-0092-6

■ **Glück: Karotte**
978-3-7795-0241-8

■ **Küssen: Hase**
ISBN 978-3-7795-0110-7

■ **Fahrradspaß**
ISBN 978-3-7795-0325-5

■ **Bärenglück**
ISBN 978-3-7795-0245-6

■ **Arschbombe**
ISBN 978-3-7795-0243-2

Dies ist eine Auswahl aus zahlreichen Postkartenmotiven. Fragen Sie Ihre Buchhandlung!
Alle Motive unter www.peter-hammer-verlag.de

Herzerwärmend!
Wolf Erlbruchs Kuss-Motive auf formschönen Porzellanbechern

■ **Porzellanbecher**
Lieferbar in Verpackungseinheiten zu 6 Stück,
je 2 Ex. pro Motiv
€ 59,70
EAN 42 6019278 000 5

Bezug einzelner Tassen nur in Ihrer Buchhandlung!

Empfohlener Verkaufspreis pro Stück € 9,95

Rudyard Kipling (Text)
Ulrike Möltgen (Illustr.)
■ **Die Entstehung der Gürteltiere**
32 S., geb., 31 x 27,5 cm, ab 5
€ 19,90
ISBN 978-3-7795-0483-2

In längst vergangenen Zeiten lebten am Ufer des Amazonas der Igel und seine Freundin, die Schildkröte. Am gleichen Ort aber lebte auch ein gefleckter Jaguar, der zwar einfältig war, aber sehr gefräßig und darum gefährlich. Was Igel, Schildkröte und Jaguar mit der Entstehung der Gürteltiere zu tun haben, erzählt der Dschungelbuch-Autor Rudyard Kipling in einer Geschichte, die zu den großen Schätzen der Kinderliteratur gehört. Ulrike Möltgen hat sie fantastisch in Szene gesetzt!

Viola Rohner (Text)
Dorota Wünsch (Illustr.)
■ **Wie Großvater schwimmen lernte**
24 S., geb., 2. Aufl. 2012, ab 4, € 13,90
ISBN 978-3-7795-0353-8

Das kleine Mädchen und der Großvater unternehmen vieles zusammen, und immer, wenn sie losgehen, sagt der Großvater: Vielleicht ist dies das letzte Mal. Eines Tages aber will das Mädchen etwas unternehmen, das für den Großvater das allererste Mal ist: schwimmen gehen! Ein Bilderbuch über Junge und Alte und das gemeinsame Glück.

Viola Rohner (Text)
Dorota Wünsch (Illustr.)
■ **Das Wild im Marmeladenglas**
24 S., € 14,90, ab 4
ISBN 978-3-7795-0479-5

Neuerdings wartet auf dem Weg zum Kindergarten ein Wild auf Kira! Es sitzt im Baum, hat scharfe Zähne und ist flüchterlich. Wie Kira es fertigbringt, das Wild in seine Schranken zu weisen und dabei selbst ein ganzes Stück zu wachsen, erzählt diese Geschichte sensibel und humorvoll.

Eva Muggenthaler
■ **Der Schäfer Raul**
32 S., geb., ab 4, € 12,90
ISBN 978-3-87294-754-3

Der Schäfer Raul hütet seine Schafe nun so lange, dass er selbst schon ein bisschen wie ein Schaf aussieht. So beschließt er, in die Stadt zu ziehen. Doch seine Schafe finden ihn und ziehen in seine Mietwohnung ein.

▶ **Nominiert für den Deutschen Jugendliteraturpreis**

Hermann Schulz (Text),
Tobias Krejtschi (Illustr.)
■ **Die schlaue Mama Sambona**
24 S., geb., 5. Aufl. 2013, ab 4
€ 13,90
ISBN 978-3-7795-0149-7

Im Herzen Afrikas lebt Mama Sambona, die kluge alte Königin. Zu ihr kommt eines Tages ein eleganter Herr, der möchte sie holen, um sie zu ihren Ahnen zu bringen: Es ist der Tod. Die kluge Alte aber macht dem Tod einen Strich durch die Rechnung. Eine hinreißende Parabel auf die Lebensfreude.

▶ **Nominiert für den Deutschen Jugendliteraturpreis**

▶ **Troisdorfer Bilderbuchpreis**

Harriet Grundmann (Text)
Tobias Krejtschi (Illustr.)
■ **Das fünfte Schaf**
24 S., geb., 2. Aufl. 2010, ab 4, € 13,90
ISBN 978-3-7795-0201-2

Lina liegt im Bett und zählt Schäfchen. Das fünfte Schaf hat spitze Ohren und ein Wollkäppchen auf seinem Kopf. Hier versteckt sich doch wer im Schafspelz!

Ein Bilderbuch wie ein Baum so hoch!

Tobias Krejtschi
■ **Wipfelwärts und Wurzelwärts**
Leporello-Bilderbuch mit Schuber
Format 28 x 14,5 cm,
ausgeklappt 2,75 m
€ 16,90
ISBN 978-3-7795-0370-5

Hoch im Norden, wo es Elche gibt und Wichte mit gestrickten Mützen, steht im Wald ein Baum. Ganz unten bei den Wurzeln wohnt der Wurzelwicht. Ganz oben im schwankenden Wipfel wohnt der Wipfelwicht. Eines Tages machen sich beide auf den Weg: der eine rauf, der andre runter. Eine Leporello-Kletterpartie der besonderen Art!

Harriet Grundmann (Text)
Tobias Krejtschi (Illustr.)
■ **Die Sache mit Nummer 8**
32 S., geb., ab 4, € 13,90
ISBN 978-3-7795-0432-4

Ein Rudel glutäugiger Wölfe in der Nacht? Kein Grund zur Panik, wenn man Freunde hat wie diese! Ein Bilderbuch über die Angst in der Nacht – spannend, lustig und befreiend!

Tobias Krejtschi
■ **Wie der Kiwi seine Flügel verlor**
24 S., geb., Format 25 x 25 cm, ab 4
€ 14,90
ISBN 978-3-7795-0301-9

Die uralte Maori-Geschichte vom Kiwi, der seine Flügel und die Freiheit verliert, aber die Liebe eines ganzen Volkes gewinnt, hat Tobias Krejtschi den Neuseeländern abgelauscht. Jetzt erzählt er sie neu und gibt ihr faszinierende, märchenhaft schöne Bilder!

Maria Vohn
■ **Meine grüne Schüssel** NEU
24 Seiten, Pappe, ab 2
ca. € 11,90
ISBN 978-3-7795-0485-6

Auf dicken Pappseiten erzählen Bilder und einfache Reime vom Spielen mit einem einzigen Gegenstand: einer grünen Schüssel. Alles ist möglich: drunter hocken und unsichtbar sein, drin sitzen und Eis lecken, zum Mond fliegen, übers Meer segeln bis es dunkel wird. Eine grüne Schüssel ist die ganze Welt! Ein Bilderbuch für die Kleinsten. Warm und ruhig wie ein langer, gemütlicher Nachmittag zuhause.

Werner Holzwarth (Text)
Barbara Nascimbeni (Illustr.)
■ **Kleiner Riese, großer Zwerg**
24 S., geb., 25 x 33 cm, ab 4, € 14,90
ISBN 978-3-7795-0354-5

Ein Bilderbuch über das Anderssein, mit Spaß erzählt vom Autor des „kleinen Maulwurfs".

▶ **Leipziger Lesekompass**

Giovanna Zoboli (Text)
Simona Mulazzani (Illustr.)
■ **Ach, hätt' ich doch …**
24 S., geb., 23,5 x 31,7 cm, ab 3, € 15,90
ISBN 978-3-7795-0279-1

Dieses großformatige, poetische Bilderbuch ist ein einziges großes Staunen über die besonderen Eigenheiten der Tiere, ihre je eigene Schönheit.

»Ein sinnliches Erlebnis!«
1000 und 1 Buch

Yvonne Hergane (Text)
Christiane Pieper (Illustr.)
■ **Einer mehr!**
24 S., Pappe, 3. Aufl. 2012, ab 2, € 12,90
ISBN 978-3-7795-0335-4

Dieses Bilderbuch zaubert viele kleine Jungs herbei, Seite für Seite einen mehr. Ein bunter Spaß schon für die Kleinsten.

▶ **Nominiert für den Deutschen Jugendliteraturpreis**

11 BILDERBÜCHER

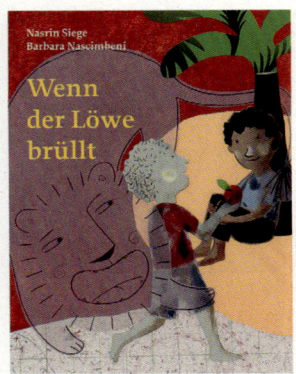

Margaret Klare (Text)
Claudia Schmid (Illustr.)
■ **Schabernack**
28 S., geb., ab 3, € 12,90
ISBN 978-3-87294-897-7

Schnick und Schnack und Schabernack sind huckepack auf Abenteuer aus.

Nasrin Siege (Text)
Barbara Nascimbeni (Illustr.)
■ **Wenn der Löwe brüllt**
32 S., geb., 24,5 x 32,5 cm, 2. Aufl. 2012, ab 5, € 15,90
ISBN 978-3-7795-0273-9

Wenn Emanuel und Bilali aufwachen, ist kein Tisch für sie gedeckt. Die Jungen leben auf der Straße und wenn sie Hunger haben, müssen sie sich etwas suchen. Sonst tun die beiden, was andere Kinder auch tun: Sie spielen in der Sonne und denken sich aus, wie es wird, wenn sie groß sind und Busfahrer oder Präsident. Ein Bilderbuch über Straßenkinder – ehrlich, poetisch und voller Licht.

 BILDERBÜCHER

Arne Rautenberg (Text)
Eva Muggenthaler (Illustr.)
■ **Supermann im Supermarkt**
32 S., geb., ab 3, € 14,90
ISBN 978-3-7795-0414-6

Ein herrlicher Gedanke: Der größte aller Helden, schneller als der Schall, übermenschlich stark, mit Röntgenblick und Superpuste in einem wohlgeordneten Supermarkt! Temporeich gereimt und mit überbordender Fantasie illustriert – ein Bilderbuch, das auf die Ordnung pfeift!

Oliver Scherz (Text)
Ulf K. (Illustr.)
■ **Der fürchterliche Hermann**
24 S., geb., ab 3, € 14,90
ISBN 978-3-7795-0417-7

Hermann ist ein grimmiger Wachhund und verbellt jeden, der sich in seine Nähe wagt. Doch dann kommt Stig auf seinem Fahrrad. Er will endlich wissen, was los ist. Und bald schon erfährt er, dass Hermann längst nicht so fürchterlich ist, wie er immer tut.

Karin Koch (Text)
André Rösler (Illustrationen)
■ **Wär' ich Pirat**
48 S., geb., ab 8
€ 9,90
ISBN 978-3-7795-0372-9

Piraten fluchen laut, essen rote Feuerbohnen und schreiben nie Diktate! Die Geschichte von einem Jungen, der zwischen Schule und den ewigen Terminen am Nachmittag nur einen Wunsch hat: endlich mal frei sein und wild wie ein Pirat!

▸ **Kinderbuchpreis NRW**

Karin Koch (Text)
André Rösler (Illustrationen)
■ **Am liebsten eine Katze**
48 S., geb.
zum Vorlesen ab 6,
zum Selberlesen ab 8
€ 9,90
ISBN 978-3-7795-0280-7

Fiona ist acht. Sie hat einen Papa, der das Essen kocht, eine Mama, die arbeiten geht, eine Schwester, die immer nur an Fußball denkt und einen großen Wunsch: eine Katze!

Eine Geschichte über Herzenswünsche, Familienkatastrophen und ein doppeltes Happy End!

»Ein Kleinod und ein rares Stück unter den Büchern für Erstleser.«
Neue Züricher Zeitung

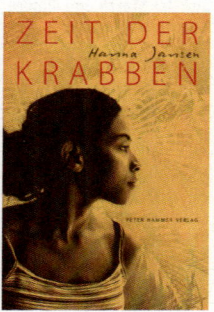

Hanna Jansen
■ **Herzsteine**
Roman
208 S., geb., ab 14, € 14,90
ISBN 978-3-7795-0374-3

Der sechzehnjährige Sam begreift, dass mit seiner Mutter und vielleicht auch mit der Ehe seiner Eltern etwas nicht stimmt. Ein undurchdringliches Schweigen liegt über der Familie. Zum Glück begegnet ihm Enna, zu der er sich hingezogen fühlt und mit der er über alles reden kann. Doch um endlich die entscheidenden Antworten zu finden, muss Sam eine weite Reise antreten. Nach Ruanda, in das Land seiner afrikanischen Mutter und zu sich selbst.

Hanna Jansen
■ **Zeit der Krabben**
Roman
192 S., geb., ab 14, ca. € 16,90
ISBN 978-3-7795-0477-1

Nach dem High School-Abschluss kommt Cynthia zurück auf ihre Insel in der Karibik. Ein kleines Paradies mit Palmen und weißen Stränden. Doch was sie erlebt in diesen Wochen der Krabbenwanderung, hat wenig von einem Paradies. Sie muss erkennen, dass ihr vertraute Menschen in das verheerende Drogengeschäft auf der Insel verstrickt sind.

Lutz van Dijk
■ **Romeo und Jabulile**
112 S., geb., ab 13, € 12,90
ISBN 978-3-7795-0281-4

Die 13jährige Jabulile hat gerade das Mädchenteam von Masi mit einem Traumtor in Führung gebracht, als plötzlich ein fremder Junge vor ihr steht und strahlend gratuliert. Es ist Romeo, einer der Flüchtlinge aus Simbabwe. Vielen im Township sind „die Simbos" ein Dorn im Auge. Schon bald beginnt die Jagd auf den Fremden und gleichzeitig nimmt die Liebesgeschichte von Romeo und Jabulile ihren Anfang.

Amadou Hampâté Bâ
■ **Die Kröte, der Marabut und der Storch und andere Geschichten aus der Savanne**
Üb. Otto Honke
mit s/w Illustr. von
Juliane Steinbach
128 S., geb., € 19,90
ISBN 978-3-7795-0436-8

Mehr als zwanzig Jahre lang hat Amadou Hampâté Bâ die Märchen und Fabeln Westafrikas gesammelt. Sie erzählen mit schöner Raffinesse von dem, was wir alle kennen: von Habgier, Eitelkeit und Dummheit, Großmut und Klugheit. Kleine afrikanische Lehrstücke für Kinder und Erwachsene-, endlich in deutscher Übersetzung!

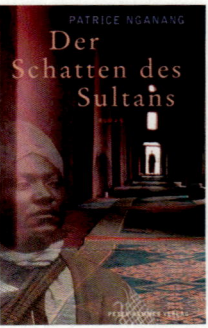

Patrice Nganang
■ **Der Schatten des Sultans**
Roman
Üb. Gudrun und Otto Honke
494 S., geb., € 26,–
ISBN 978-3-7795-0415-3

Patrice Nganangs Roman über das koloniale Kamerun zeichnet ein ganzes Panorama von Lebensgeschichten rund um den Hof des charismatischen Sultans von Bamum. Durch die raffinierte Verbindung von mündlich überlieferten und offiziell dokumentierten Ereignissen wachsen Geschichten und Geschichte zu einem lebendigen Bild zusammen, dem es gelingt, die Afrikaner kulturell und intellektuell auf Augenhöhe mit den Kolonisatoren zu zeigen.

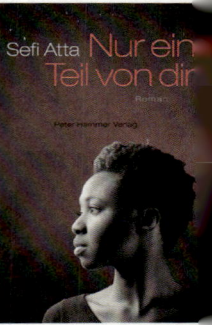

Sefi Atta
■ **Nur ein Teil von dir**
Roman
Üb. Eva Plorin
352 S., geb., 22,–
ISBN 978-3-7795-0473-3

Die Nigerianerin Deola hat viel erreicht. Sie arbeitet in London als Wirtschaftsprüferin, ihr Job ist anspruchsvoll und einträglich. Dennoch ist sie nicht wirklich glücklich. Als sie beruflich nach Nigeria muss, wo sie Familie und Freunde wiedersieht, wird diese Reise zum Prüfstein für ihre Gefühle.

Ngugi wa Thiong'o
■ **Verbrannte Blüten**
Roman
Üb. Susanne Koehler
592 S., geb., Ganzleinen
€ 26,–
ISBN 978-3-7795-0349-1

Einer der wichtigsten politischen Romane Afrikas in aktualisierter Neuauflage. Ngugis Klassiker erzählt von einem tödlichen Anschlag auf drei Industrielle und zeichnet im Zuge der Ermittlungen die Geschichte des unabhängigen Kenia nach.

»Ngugis Romanfiguren zeugen von einer leidenschaftlichen Humanität, überragender Menschenkenntnis und beeindruckender Einfühlungsgabe.« Basler Zeitung

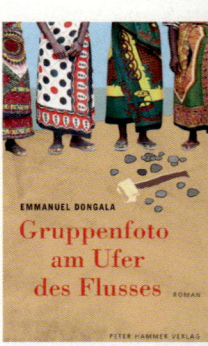

Emmanuel Dongala
■ **Gruppenfoto am Ufer des Flusses**
Roman
Üb. Giò Waeckerlin-Induni
340 S., geb., € 22,–
ISBN 978-3-7795-0314-9

Angespornt durch ihren Humor und getragen von der Solidarität kämpfen zehn Steineklopferinnen um gerechten Lohn für harte Arbeit.

Meja Mwangi
Rafiki Man Guitar
Roman
Aus dem Englischen von Thomas Brückner
320 S., geb.
ca. € 22,-
ISBN 978-3-7795-0482-5
auch als E-Book

Rafiki, den Mann mit der Gitarre, kennt jeder in Nanyuki. Immer freundlich, immer fröhlich, immer knapp bei Kasse tingelt er durch die maroden Straßen der Stadt. Er wäre ein glücklicher Mann, hätte seine Frau Sweattea ihm nicht die Pistole auf die Brust gesetzt: Wenn er nicht endlich das Geld für das Studium seiner Tochter verdient, verlässt sie das Haus mit allem, was darin ist. Rafiki, der gut ohne Geld, aber keinesfalls ohne Sweettea leben kann, muss handeln. Eine afrikanische Komödie voller skurriler Dilettanten und Frauen, die es leid sind!

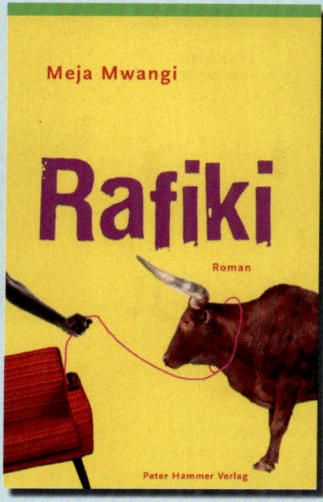

Meja Mwangi
■ **Happy Valley**
Roman
Üb. Thomas Brückner
160 S., geb., 2. Aufl. 2013
€ 16,90
ISBN 978-3-7795-0051-3

Meja Mwangi erzählt spannend und mit viel Situationskomik von der Verwechslung zweier Neugeborener im Busch-Hospital. Liebevolle Aufmerksamkeit und große Achtung findet Mwangi einmal mehr für die eigentlichen Helden der afrikanischen Gesellschaft: die Frauen.
„Afrikanisches Lesevergnügen!"
Deutschlandradio Kultur

Meja Mwangi
■ **Das Buschbaby**
Roman
Üb. Thomas Brückner
320 S., geb.
€ 19,90
ISBN 978-3-7795-0153-4

Das Buschbaby erzählt von der Verwirrung, die ein schwarzes Baby im Leben der weißen Eltern auslöst.

Tendai Huchu
■ **Der Friseur von Harare**
Roman
Üb. Jutta Himmelreich
304 S., geb., 2. Aufl. 2012
€ 19,90
ISBN 978-3-7795-0358-3

Die junge Friseurin Vimbai erzählt mit Witz und Temperament von den emotionalen Wirren im besten Salon von Harare. In seinem hinreißend vitalen Debüt greift Tendai Huchu das afrikanische Tabuthema Homosexualität auf.

»Tendai Huchu ist ein schwarzer Urenkel Jonathan Swifts.« **Frankfurter Allgemeine Zeitung**

AFRIKA

Aniceti Kitereza
■ **Die Kinder der Regenmacher**
Roman
Neuausgabe, erstmals vollständig in einem Band
Üb. J.G. Möhlig
648 S., geb., € 34,90
ISBN 978-3-7795- 0177-0

Die Ehe von Myombekere und Bugonoka droht zu scheitern, weil sie kinderlos bleibt.
Das einzige erzählende Werk aus dem vorkolonialen Afrika.

Katharina Morello
■ **Sie tragen die Welt auf dem Kopf**
150 S., geb., 2. Aufl. 2009
€ 14,90
ISBN 978-3-7795-0176-3

Die Frauen Simbabwes begegnen den widrigen Umständen in ihrem Land mit bewundernswerter Stärke. Humor, Fantasie und Geduld lassen sie immer wieder neue Wege finden, denn sie wissen: Nur wer lacht, überlebt!

Stiftung Umwelt und Entwicklung Nordrhein-Westfalen (Hg.)
■ **Denis Goldberg – Freiheitskämpfer und Humanist**
240 S., br., mit farbigen Fotos, € 19,90
ISBN 978-3-7795-0472-6

Denis Goldberg war einer der wichtigsten südafrikanischen Freiheitskämpfer an der Seite Nelson Mandelas. Das Buch ist Ausdruck tiefer Freundschaft für einen Mann, dessen Einsatz für Toleranz auch nach 22 Jahren Haft nicht nachgelassen hat. Seine Weggefährten erzählen vom vereinten Kampf gegen die Apartheid, von der geteilten Zeit im Gefängnis oder gemeinsamen entwicklungspolitischen Projekten.

Moustapha Diallo (Hg.)
■ **Visionäre Afrikas** NEU
Der Kontinent in ungewöhnlichen Portraits
ca. 440 S., Klappenbroschur
ca. € 28,-
ISBN 978-3-7795-0487-0

In über 40 Portraits erzählt dieses Buch – mal essayistisch, mal erzählerisch – von außergewöhnlichen Menschen Afrikas. Von Frauen und Männern, die bewundert und geliebt werden, weil sie eine Vision hatten und nicht von ihr ließen, bis sie ihr Ziel erreicht hatten. Alle Portraits sind von Afrikanerinnen und Afrikanern geschrieben. Unter ihnen finden sich bekannte Namen wie Véronique Tadjo, Monique Ilboudo, Sami Tchak und Patrice Nganang, aber auch AutorInnen, die sich erstmals einem deutschen Lesepublikum vorstellen.

James C. Scott
Applaus dem Anarchismus!
Sechs lockere Bruchstücke über Autonomie, Würde, sinnvolles Arbeiten und sinnvolles Spiel
Aus dem Englischen von Werner Petermann
ca. 140 S., br.
ca. € 22,–

NEU

Dies ist kein Manifest, es ist das lebhafte Plädoyer für eine anarchistische Sicht auf die Welt. Der Politologe und Anthropologe James C. Scott erzählt Anekdoten aus dem sozialen und politischen Alltag und der Geschichte von Revolutionen, die den gesunden Menschenverstand und die Kreativität der Leute feiern. Scotts Beispiele fordern heraus, den Wert von Hierarchien im öffentlichen und privaten Leben radikal in Frage zu stellen und sich in eine Reihe zu stellen mit den Aufmüpfigen, die sich gegen „verordneten Unsinn" mit konstruktiver Anarchie zur Wehr zu setzen.

Edition Trickster

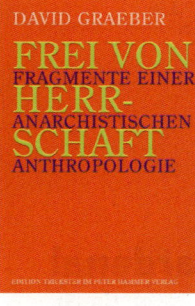

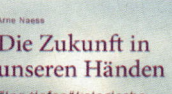

Gilles Reckinger
■ **Lampedusa**
Begegnungen am Rande Europas
228 S., br., mit s/w-Fotos,
2. Aufl. 2013, € 19,90
ISNB 978-3-7795-0440-5
auch als E-Book

Tausende afrikanischer Bootsflüchtlinge sind in wenigen Jahren auf der kleinen Insel Lampedusa gelandet. Wann immer eine neue Tragödie zu vermelden ist, richten die Medien ihre Spots auf die Insel, – und wenden sich genauso schnell wieder ab. Gilles Reckinger zeigt nun, wie es sich lebt auf dieser Insel, die immer ein Ort der Übergänge war.

David Graeber
■ **Frei von Herrschaft**
Fragmente einer anarchistischen Anthropologie
Üb. Werner Petermann
254 S., br., 3. Aufl. 2013
€ 19,90
ISBN 978-3-7795-0208-1

Sind anarchistische Lebensformen der Schlüssel zu einer gerechteren Welt? David Graeber ebnet bislang unbekannten Forschungsergebnissen der Ethnologie den Weg in den allgemeinen Diskurs.

Arne Naess
■ **Die Zukunft in unseren Händen**
Eine tiefenökologische Philosophie
Überarb. u. hrsg. v. David Rothenberg
Üb. Christian Quatmann
360 S., geb., € 28,–
ISBN 978-3-7795-0376-7

Für die Rettung von Mensch und Natur braucht es mehr als das Reparieren der entstandenen Schäden. Der Klassiker der Tiefenökologie liegt nun endlich in deutscher Sprache vor!

17 ETHNOLOGIE

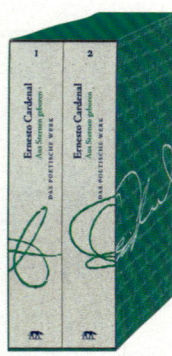

Ernesto Cardenal
■ **Aus Sternen geboren**
Das poetische Werk
Gesamtausgabe
2 Bände in Falthülse
1120 S., Klappenbr., Fadenheftung
€ 56,–
ISBN 978-3-7795-0416-0

Ernesto Cardenals Verse sind Ausdruck all dessen, wofür er steht: für eine Theologie, die sich der Trennung von Diesseits und Jenseits entzieht, für den Glauben an eine Welt, die der Harmonie zustrebt und schließlich für ein besonderes Verständnis von der Liebe. Es schließt Sinnlichkeit und Begehren ein, umgreift mühelos die gesamte Schöpfung vom Allerkleinsten bis zum Kosmos und mündet in Verantwortung.

Die Gesamtausgabe des poetischen Werks enthält neben allen Gedichten auch die *Psalmen* und das Opus magnum *Cántico Cósmico*.

Ernesto Cardenal
■ **Niemand ist mir so nahe**
Gedichte von Liebe und Sehnsucht
Spanisch/Deutsch
ausgew. v. Monika Bilstein
120 S., geb., Halbleinen, mit Illustr. v. Juliane Steinbach
€ 15,90
ISBN 978-3-7795-0041-4

Ernesto Cardenal
■ **Das Buch von der Liebe**
Textausgabe, 4. Aufl. 2011
Vorwort von Thomas Merton
160 S., Klappenbroschur
€ 12,90
ISBN 978-3-7795-0014-8

Übersetzt in 18 Sprachen ist das Buch ein Klassiker moderner Meditationsliteratur.

Ernesto Cardenal
Dichter, Priester, Revolutionär

Ernesto Cardenal
■ **Diese Welt und eine andere**
Essays
Aus dem Spanischen von Lutz Kliche
180 S., Klappenbroschur
€ 19,90
ISBN 978-3-7795-0475-7

Der kleine Band mit sechs Essays zeigt uns eine neue Facette des Dichters. Wir lernen den Mystiker als Forscher kennen, der sich diskursiv mit naturwissenschaftlichen Theorien und der Philosophie von Sokrates, Heraklit und Lao-Tse auseinandersetzt und sie zu Steinbrüchen für sein besonderes theologisches und dichterisches Werk macht.

Eduardo Galeano
■ **Die Füße nach oben**
Zustand und Zukunft einer verkehrten Welt
Mit Holzschnitten von José Guadeloupe Posada
Üb. Lutz Kliche
360 Seiten, br., 3. Aufl. 2004
€ 19,90
ISBN 978-3-87294-842-7

Eduardo Galeano
■ **Kinder der Tage**
Aus dem Spanischen von Lutz Kliche
416 S., geb.
mit s/w-Illustr. des Autors
€ 24,–
ISBN 978-3-7795-0435-1

Eduardo Galeano

»Ein Erzähler, der von Menschen überquillt.«
Badische Zeitung

In 365 kleinen Geschichten, passend zu jedem Tag des Jahres, erzählt Galeano unerhörte Begebenheiten. Sie spielen auf allen Kontinenten und handeln von allerlei Dingen. Doch immer geraten sie zu einer Anklage derer, die die Welt in ihrem Sinne zu lenken wussten. Und zur Bekundung tiefempfundener Solidarität mit den Unterdrückten. Die Leichtigkeit und der feine Humor nehmen den Geschichten nie die Schärfe, machen Sie aber zum großen Lesevergnügen.

▶ Litprom Bestenliste „Weltempfänger"

Eduardo Galeano
■ **Erinnerung an das Feuer**
Neuausgabe
Gesamtausgabe
1120 Seiten, geb.
€ 29,90
ISBN 978-3-7795-0000-1

Eduardo Galeanos Werk zur Geschichte Lateinamerikas hat seit Jahrzehnten nichts von seiner Bedeutung eingebüßt.

»*Ein Epos dieses Erdteils und leicht wie ein Roman.*«
DIE ZEIT

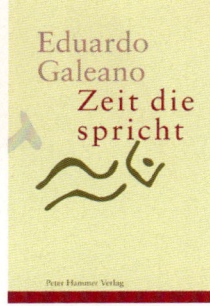

Eduardo Galeano
■ **Zeit die spricht**
Üb. Lutz Kliche
380 Seiten, geb.,
mit Illustrationen
€ 22,–
ISBN 978-3-7795-0027-8

Eduardo Galeano fängt Stimmen ein, die sonst niemand wahrnimmt. In 333 kurzen Geschichten durchquert er das Leben und die Zeit.

Eduardo Galeano
■ **Die offenen Adern Lateinamerikas**
Neuausgabe
Üb. Angelica Ammar
416 S., br., € 18,00
ISBN 978-3-7795-0271-5

Das grandios unorthodoxe Geschichtswerk – nach 36 Jahren in neuer Übersetzung!

»*Lesen Sie das Buch von Eduardo Galeano, dann wissen Sie, von wo seit 400 Jahren Kolonialherrschaft entsetzliches Chaos ausging und auf welcher Seite die Heuchler selbstgerecht die Augen davor verschließen.*«
Der Spiegel

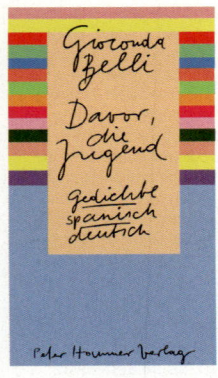

Gioconda Belli
■ **Davor, die Jugend**
Gedichte
spanisch/deutsch
Üb. Angelica Ammar
160 S., Klappenbroschur
€ 19,90
ISBN 978-3-7795-0476-4

Gioconda Belli hat die Grenze der Jugend längst überschritten, doch Ihre Lust am Leben und der Drang nach Erkenntnis sind lebendig wie damals. Trotzdem stellt sie sich mit der ihr eigenen Unbestechlichkeit den Zeichen des Alterns und der wachsenden Ahnung von Endlichkeit. So spiegeln die neuen Gedichte die ganze Fülle ihrer weiblichen Gegenwart.

Gioconda Belli
■ **Wenn du mich lieben willst**
Gedichte
Neuausgabe mit Zeichnungen von Juliane Steinbach
164 S., geb., Halbleinen,
€ 16,90
ISBN 978-3-87294-837-3

Frauen in Lateinamerika

Gioconda Belli
■ **Ich bin Sehnsucht, verkleidet als Frau**
Gedichte Spanisch/Deutsch
Üb. Angelica Ammar und Dagmar Ploetz
176 S., br.
€ 14,90
ISBN 978-3-87294-939-4

Gioconda Belli
■ **Feuer bin ich in der Ferne**
Gedichte Spanisch/Deutsch
Üb. Angelica Ammar
198 S., Klappenbroschur
€ 18,90, sFr 34,–
ISBN 978-3-7795-0173-2

Barbara Potthast
■ **Von Müttern und Machos**
Eine Geschichte der Frauen Lateinamerikas
460 S., br.
€ 24,–
ISBN 978-3-87294-936-3

Die erste epochenübergreifende Darstellung der Geschichte der Frauen und der Familie in Lateinamerika, spannend und anschaulich durch viele Fallbeispiele – jetzt in überarbeiteter Neuauflage.

Silke Hensel, Barbara Potthast (Hg.)
■ **Das Lateinamerika-Lexikon**
572 S., br.
mit Karten und Grafiken
€ 24,–
ISBN 978-3-7795-0474-0

Mit diesem Lexikon liegt das erste umfassende Nachschlagewerk zu Lateinamerika vor. Fundiert und allgemein verständlich behandeln die Autorinnen und Autoren – alle ausgewiesene Fachwissenschaftler – in rund 170 Einzelbeiträgen alle relevanten Themen aus Gesellschaft, Politik, Wirtschaft und Kultur. 20 Länderartikel runden die Informationen ab.

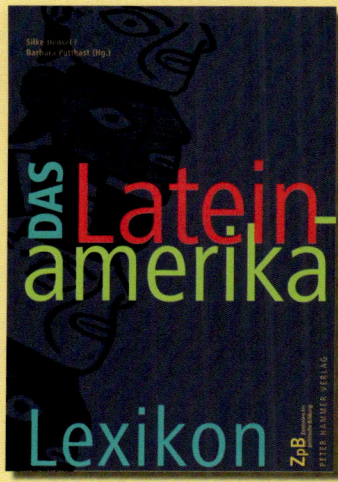

Eine Welt in der Schule

Karl-Albrecht Immel (Text)
Klaus Tränkle (Grafiken)
■ **Aktenzeichen Armut**
Globalisierung in Texten und Grafiken
208 S., br., mit 70 Grafiken
€ 19,90
ISBN 978-3-7795-0357-6

Dieses klar strukturierte Kompendium zu Entwicklung und Globalisierung zeigt in knappen Texten und klaren Schaubildern den aktuellen Zustand der Welt. Kritisch analysieren die Autoren dabei die Erfolgsmeldungen der Weltbank zur Erreichung der Millenniumsziele.

▶ **Buch des Monats
Publik-Forum**

Gerd Riepe/Regina Riepe
■ **Didaktisches Material zu Ostafrika für die Sekundarstufe 1**
Wenn dich ein Löwe nach der Uhrzeit fragt
Gemeinsam mit der Deutschen Welthungerhilfe
48 S., br., kopierfähig mit vielen Zeichnungen und Fotos
€ 7,90
ISBN 978-3-7795-0070-4

Rund um das vielgelobte Kinderbuch „Wenn dich ein Löwe nach der Uhrzeit fragt" bietet dieses Arbeitsbuch Lehrern der Jahrgangsstufe 5/6 eine Fülle an Material zum Unterrichtsthema Afrika.

Gudrun Honke/Regina Riepe
■ **Didaktisches Begleitheft für die Grundschule**
Sag mir, wie ist Afrika?
Hrsg. vom Peter Hammer Verein für Literatur und Dialoge e.V.
Gemeinsam mit der Deutschen Welthungerhilfe
48 S., br.,
€ 7,90
ISBN 978-3-7795-0045-2

Nützliche Hintergrundinformationen und Projektvorschläge für das unbefangene Kennenlernen einer fremden Kultur.

Abraham H. Maslow
■ **Jeder Mensch ist ein Mystiker**
Impulse für die seelische Ganzwerdung
Aus dem Amerikanischen von Karola Tembrins
Mit einer Einführung von Bruder David Steindl-Rast
Hrsg. und mit einem Nachwort von Erhard Doubrawa
ca. 150 S., br., ca. € 15,90
ISBN 978-3-7795-0488-7

NEU

Bei seiner Beschäftigung mit psychisch besonders gesunden Menschen entdeckte der Autor, dass diese häufig von mystischen Erlebnissen berichteten, von Momenten intensivsten Glücks, in denen das Gefühl des Getrenntseins von der Welt aufgehoben war. Aus seinen Erkenntnissen entwickelte er ein Plädoyer für eine spirituell-transzendente Dimension in der Psychologie und Psychotherapie.

Robert A. Johnson
■ **Das Gold im Schatten**
Impulse für die seelische Ganzwerdung
Herausgegeben und mit einem Vorwort von Anke und Erhard Doubrawa
Aus dem Amerikanischen von Ingrid Müller
110 S., br.
€ 13,90
ISBN 978-3-7795-0422-1

Robert A. Johnsons Anliegen ist es, dass der Mensch seine positiven Eigenschaften aus dem Schatten der eigenen Persönlichkeit ans Licht bringt.

Stefan Blankertz
■ **Gestalttherapie Essentials**
Das Wichtigste aus dem Grundlagenwerk der Gestalttherapie von Perls, Hefferline und Goodman
Mit einem Geleitwort von Anke und Erhard Doubrawa
172 S., br., € 22,90
ISBN 978-3-7795-0381-1

Die wichtigsten Passagen der englischen Originalfassung und eine eigene neue Übertragung der Essentials der Gestalttherapie ins Deutsche.

Alle Titel zur Gestalttherapie werden gemeinsam mit dem Gestalt-Institut Köln publiziert und von Anke und Erhard Doubrawa herausgegeben.

Victor Chu
■ **Neugeburt einer Familie**
Familienstellen in der Gestalttherapie
Hrsg. und mit einem Geleitwort von Anke und Erhard Doubrawa
368 S., br., € 24,90
ISBN 978-3-7795-0204-3

Victor Chu zeigt die Möglichkeiten und Grenzen einer umstrittenen Methode.

Erving Polster
■ **Zugehörigkeit**
Eine Vision für die Psychotherapie
Üb. Ludger Firneburg
216 S., br., € 22,90
ISBN 978-3-7795-0233-3

Polsters Vision einer Psychotherapie für alle will Menschen zugänglich machen, was sie in ihrem Leben so oft vermissen: Verbundenheit, Zugehörigkeit, Gemeinschaft.

Erhard Doubrawa
■ **Die Seele berühren**
Erzählte Gestalttherapie
Erweiterte Neuauflage
112 S., br., € 5,–
ISBN 978-3-7795-0361-3

In diesen Buch versammelt der Autor Geschichten, die er oft in seiner therapeutischen Arbeit erzählt hat. Sie haben dazu beigetragen, dass Menschen sich wieder öffnen und so von anderen Menschen seelisch berühren lassen konnten.

Daniel Rosenblatt
■ **Gestalttherapie für Einsteiger**
Eine Anleitung zur Selbst-Entdeckung
Üb. Marein von der Osten-Sacken
Hrsg. und mit einer Einleitung von Anke und Erhard Doubrawa
256 S., br., € 14,90
ISBN 978-3-7795-0276-0

Daniel Rosenblatt zeigt in seinem Klassiker, dass alles, was in der Gestalttherapie geschieht, immer neu für jeden Einzelnen erdacht wird.

Stefan Blankertz
■ **Verteidigung der Aggression**
Gestalttherapie als Praxis der Befreiung
100 S., br., € 13,90
ISBN 978-3-7795-0302-6

Ein Plädoyer für eine Gestalttherapie, die zu ihren Wurzeln zurückfindet.

Erhard Doubrawa/Stefan Blankertz
■ **Einladung zur Gestalttherapie**
Eine Einführung mit Beispielen
Ungekürzte Taschenbuchausgabe zum Sonderpreis
96 S., br., € 5,–
ISBN 978-3-7795-0303-3

Nach zehn erfolgreichen Jahren jetzt in preiswerter Neuausgabe.

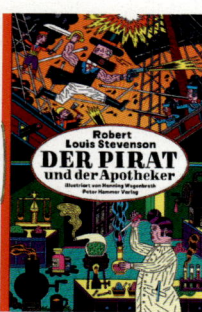

Robert Louis Stevenson (Text)
Henning Wagenbreth (Illustr.)
■ **Der Pirat und der Apotheker**
Eine lehrreiche Geschichte
40 S., geb., 24 x 36 cm
2. Aufl. 2013, € 26,–
ISBN 978-3-7795-0419-1

▶ **Nominiert für den Deutschen Jugendliteraturpreis**
▶ **HOTLIST 2012**
▶ **Melusine-Huss-Preis 2012**

Wolfram Frommlet (Text)
Henning Wagenbreth (Illustr.)
■ **Mond und Morgenstern**
Ein afrikanischer Schöpfungsmythos
36 S., 24,5 x 35 cm, ab 8
€ 20,50
ISBN 978-3-87294-784-2

»Solche mächtigen Bilder hat ein Bilderbuch noch nicht gesehen. Ein Fest für Kinder und Erwachsene.«
Frankfurter Rundschau

Eine Ballade vom Autor der „Schatzinsel" – entdeckt, übersetzt und überwältigend illustriert von Henning Wagenbreth. Das Buch erzählt von zwei bösen Buben, den Freunden Robin und Ben. Robin ist ein Rabauke und dreister Räuber. Ben betrügt und stiehlt heimlich. Robin wird Pirat und kämpft auf allen Weltmeeren, Ben wird Apotheker, lebt bequem und kommt auf hinterhältige Weise zu Reichtum. Als die beiden nach vielen Jahren die Ausbeute ihres Lebens vergleichen, kommt es zum gewaltigen Showdown!

Marie Sellier (Text)
Marion Lesage (Illustr.)
■ **Sag mir, wie ist Afrika?**
Üb. Otto Honke
mit Malereien und Fotos
40 S., geb., 5. Aufl. 2010
€ 19,90
ISBN 978-3-87294-914-1

Die Fragen des kleinen Chaka an seinen Großvater wollen nicht enden und mit ihm hören wir auf ungewöhnlich poetische Weise von Afrika und seinen Menschen.

Jens Soentgen
■ **Selbstdenken!**
20 Praktiken der Philosophie
Mit Illustrationen von
Nadia Budde
224 S., geb. 4. Aufl. 2005
€ 19,90
ISBN 978-3-87294-943-1

Die 20 philosophischen Praktiken, die Jens Soentgen anschaulich und unterhaltsam vorführt, machen uns unabhängig von fremden Belehrungen.

»**Klar, jargonfrei und humorvoll.«** DIE ZEIT
»**Ein kleiner Geniestreich.«** taz

Jens Soentgen
■ **Von den Sternen bis zum Tau**
Eine Entdeckungsreise durch die Natur
Mit 120 Phänomenen und Experimenten
80 Illustr. v. Vitali Konstantinov
408 S., geb., 5. Auflage 2012,
Halbleinen, € 24,90,
ISBN 978-3-7795-0291-3

Der Naturwissenschaftler und Philosoph bringt etwas Seltenes fertig: Mit beeindruckenden fachlichen Kenntnissen und gleichzeitig mit großem Gefühl, ja bisweilen romantischer Begeisterung, beschreibt er Phänomene, die ihm in der Natur begegnen.

»**Dem inneren Reichtum entspricht ein äußerer: Das Buch ist herrlich gestaltet.«** Die Welt

Ein Geschenkbuch über die Liebe und das ganze Drumherum

Jürg Schubiger (Text) | Wolf Erlbruch (Illustrationen)
■ **Zwei, die sich lieben** | Geschenkbuch
48 S., 16 x 21 cm, Halbleinen, 5. Aufl. 2013, € 12,–
ISBN 978-3-7795-0371-2

Wolf Erlbruch hat uns mit vielen Bildern erstaunlicher Paare beglückt. Jürg Schubiger hat jetzt – mit offensichtlichem Vergnügen – Verse zu Erlbruchs Bildern gefunden und zusammen vermitteln die beiden doch eine sehr optimistische Sicht: Insgesamt ist sie mehr schön als schwer, die Liebe. Und das Küssen sowieso.

Unsere Bücher erhalten Sie in jeder guten Buchhandlung und besonders bei:

Peter Hammer Verlag · Postfach 200963 · D-42209 Wuppertal
Tel. 0202/505066 · Fax 509252 · E-Mail: info@peter-hammer-verlag.de
www.peter-hammer-verlag.de

„Was ist denn das?"

„Das ist nichts.
Ein kleines feines Reingarnichts.
Wenn man's fallen lässt,
zerbricht's."

„Was ist denn das?"

„Ich weiß es nicht."

„Was so im Dunkeln summt und sticht,
ist doch eine Mücke!"

„Wenn sie nur summt, nicht aber sticht,
dann tut sie bloß, als wär sie eine,
ist aber keine."

„Was ist denn das?"

„Ein Warzenschwein."

„Wie kommt das bloß
zu uns herein?"

„Durch den Schnee,
ich hört es schrein.
Wegen seiner Gänsehaut
hat es sich hereingetraut.
Es war wild, jetzt ist es zahm.
Es wiegt hundert Kilogramm."

„Was ist denn das?"

„Das, was du da vor dir siehst,
ist ein Puppenfresserbiest.
Von etwas muss das Biest sich nähren,
es frisst auch Teddybären.
Am liebsten mag es kleine."

„Und Kinder?"

„Mag es keine."

„Was ist denn das?"

„Ein Bild."

„Und auf dem Bild?"

„Ein Junge.
Und der Junge, der bist du,
zeigst uns deine Zunge.
Da warst du halt noch frech und klein."

„Oh! So werd' ich immer sein."

„Was ist denn das?"

„Die Frau Radau.
Sie brüllt Juchee!
Sie schreit O weh!
Sie lacht, dass es kracht.
Sie schnarcht bei Nacht.
Ihr Hund heißt Wau,
ihre Katze Miau,
die Frau heißt Frau Radau."

„Was ist denn das?"

„Der Mann ohne Ohren,
die hat er verloren.
Der Mann ohne Beine,
die ließen ihn alleine,
und der Bauch dann auch.
Aber eines Tages
kehren die Ohren, Stück für Stück,
und die Beine wieder zurück,
und der Bauch dann auch."

„Ach, zum Glück."

„Was ist denn das?"

„Dies und das.
Allerlei kommt hier vorbei:
ein Huhn, ein Ei,
ein Mordsgeschrei
und manchmal auch ein großes Glück.
Vorbei, kehrt nimmermehr zurück.
Da bleibt nur ein Hühnerdreck,
den Hühnerdreck nimmt niemand weg.
Da bleibt auch ein Stück vom Glück."

„Was ist denn das?"

„Ich weiß nicht, wie es heißt.
Es ist von ferne hergereist,
aus Bombay oder Budapest.
Am Abend weint es schwere Tränen
und dann muss es gähnen
und dann schläft es fest."

„Was ist denn das?"

„Eine Mundharmonika.
Der Mund gehört der Monika.
Die hat einen langen Schnauf,
sie spielt, bis jemand ruft: Hör auf!"

Jürg Schubiger, 1936 in Zürich geboren, schreibt für Kinder und Erwachsene. Für seine Kinderbücher erhielt er viele Auszeichnungen, darunter den Deutschen Jugendliteraturpreis. Sein Bilderbuch *Der weiße und der schwarze Bär* mit Bildern von Eva Muggenthaler wurde 2008 für den Preis nominiert. Im selben Jahr wurde Jürg Schubiger für sein Werk mit der Hans Christian Andersen Medaille geehrt.

Im Peter Hammer Verlag erschienen außerdem *Zebra Zecke Zauberwort* mit Illustrationen von Isabel Pin, *Der Wind hat Geburtstag* mit Illustrationen von Wiebke Oeser und *Als der Tod zu uns kam* mit Bildern von Rotraut Susanne Berner.

Wolf Erlbruch, geboren 1948, war bis 2009 Professor für Illustration an der Bergischen Universität Wuppertal. Neben zahlreichen Auszeichnungen erhielt er 2003 für sein Gesamtwerk den Gutenbergpreis der Stadt Leipzig und den Sonderpreis des Deutschen Jugendliteraturpreises und 2006 die Hans Christian Andersen Medaille.

Im Peter Hammer Verlag erschienen neben vielen anderen Bilderbüchern *Das Bärenwunder, Leonard, Die fürchterlichen Fünf* und *Die Große Frage*, außerdem viele Jahrgänge seines berühmten Kinderzimmerkalenders.

© Jürg Schubiger (Text)
© Wolf Erlbruch (Illustrationen)
© Peter Hammer Verlag GmbH, Wuppertal 2014
Alle Rechte ausdrücklich vorbehalten
Lithos: PPP PrePrintPartner, Köln
Druck: Memminger MedienCentrum, Memmingen
ISBN 978-3-7795-0486-3
www.peter-hammer-verlag.de